LA VIDA DESPUÉS

LA VIDA DESPUÉS

REIJA MÁRQUEZ HUTTUNEN

Valparaíso
EDICIONES

Número 519 de la Colección VALPARAÍSO DE POESÍA
dirigida por FEDERICO DÍAZ-GRANADOS

Diseño de colección y portada: Chari Nogales
Maquetación: Carlos Henson

Primera edición: octubre de 2025

© De los poemas: Reija Márquez Huttunen
© Diseño de portada: Lan Zhang

© Valparaíso Ediciones
    C/ Fray Leopoldo, 7 bajo, 18014 Granada
    www.valparaisoediciones.es

    ISBN: 979-13-87538-81-1
    Depósito Legal: GR 1380-2025

    Impreso en España - *Printed in Spain*
    Gráficas Gami

LA VIDA DESPUÉS

A MODO DE COMIENZO

Desde que descubro la conciencia, la muerte ha estado presente en mi casa. No explícitamente, sino que por el contrario, dicha palabra estaba intrínsecamente prohibida. Mi madre hablaba de todo eso que la entumecía, sin hacer ninguna alusión a la muerte. Sin profundizar en lo que realmente ocurrió. Hablaba de todo lo que por las noches no la dejaba dormir. Lloraba a escondidas y solo para ella, sin que nosotros fuésemos parte de ese llanto. Hablar de su madre y su hermana sin mencionar la palabra muerte era hablar de todo eso que a mi madre le producía dolor. Lo que podría haber sido y nunca fue. Evitar la palabra muerte era su manera de, en cierto modo, evitar la palabra suicidio.

Hasta que no tuve una edad de entendimiento, no descubrí eso que a mi madre le hacía llorar, la muerte precoz de su madre y de su hermana. Esas mujeres que llegué a conocer mediante fotos antiguas en blanco y negro o en sepia. Una noche antes de mudarnos definitivamente a Helsinki y haciendo la primera mudanza con los recuerdos esparcidos en medio del salón, abrimos la caja donde están todas las fotografías de otras vidas ya vividas. Mi madre me dijo que la muerte de su madre le producía mucha pena. — Ella se suicidó, hija, acabó con su vida. — Y a mí se me hizo un nudo en la garganta. — También mi hermana se quitó la vida, aquí, en España. Se quitó la vida y la tristeza se estableció en esta casa de por vida —. Mi padre, después de lo de mi hermana, volvió a Finlandia y yo me quedé aquí, perdida. — Acabaron con su dolor, pero mi dolor sigue —. Hasta que no cumplí dieciséis años mi madre no pudo interiorizar la palabra suicidio.

Recuerdo esa primera conversación con mi madre como un punto de inflexión con la muerte. Ahora entiendo que el dolor que mi madre tiene en su cuerpo no es pasajero, sino que convive con ella. Con la muerte de mi padre en dos mil veinte, he descubierto ese sentimiento, ese anhelo y lo que echo en falta, lo que en cierta manera deseo.

Con estos poemas pretendo hacer un recorrido por todo eso que aún está presente. Hacer un recorrido por los sentimientos, por los muertos que habitan en nuestra memoria, pero, sobre todo, decirle a mi padre todo eso que no nos dijimos.

He aquí la muerte, lo que recuerdo, lo que lloro en los días tristes, en las mañanas tristes. En los pesares y la nostalgia de una niñez vivida sin problemas, aunque los hubiese, aunque todo al rededor se desmoronase. La vida es una llaga abierta en el corazón de los que viven, de los que recuerdan, de los que anhelan a los muertos y la muerte se llevó consigo todos esos silencios impregnados de gris.

Este libro va dedicado a todos ellos.

REIJA MÁRQUEZ HUTTUNEN
Buenos Aires 08.08.2024

1.

DESPUÉS DE LA MUERTE QUEDAN LOS VIVOS, QUE VIVEN, QUE RECUERDAN, QUE LLORAN

Y.A. ¿Tiene miedo a la muerte?
M. D. No lo sé. No sé qué responder.
Desde que ha llegado el mar, ya no sé nada.
MARGUERITE DURAS

I

En el verano de comienzos del dos mil fui feliz.
Cuando mamá se fue y nos quedamos contigo.
El calor del verano, levantarse tarde,
ver la televisión, ir a la piscina,
jugar al escondite y el desorden imperante
de una casa llena.
El olor a arroz con leche inunda la casa.
El recuerdo de cuando la infancia no era hostil,
cuando no era dolorosa.

II

Durante mucho tiempo sufría odio hacia ti.
Por no ser un padre que va a los recitales de sus hijos y
que se preocupa por las notas del colegio.
Por ser un padre ausente y no demostrar cariño.
Borraría esos años de sombra,
por tus últimos momentos,
por tus últimos años con nosotros.
Borraría esos años donde ambos sentíamos dolor.

III

La psicóloga me ha dicho que te escriba,
solo me vienen recuerdos cuando sentía vergüenza de ti y
escribo esto y me avergüenzo de mí.

Escribo esto con la esperanza de que el recuerdo de
no querer ir a la feria contigo no me pertenezca más.
Ahora que no estás, quiero ir y montarme en las atracciones.
Que los dos disfrutemos de la feria y de las sobremesas de domingos,
de paseos al atardecer mientras el mar está presente,
de sonrisas compartidas y miradas cómplices.

Disfrutar de esos escasos momentos donde éramos felices.
Sentir y vivir que la vida no era tan complicada como lo es ahora.

IV

Me da miedo olvidar
olvidar como la abuela olvidó
todo lo vivido durante noventa y tres años.
Como olvidó comer y hablar o
como olvidó la guerra y su matrimonio concertado,
porque, papá, me da miedo que el alzhéimer sea hereditario
y que cuando llegue a la edad de noventa y tres años
olvide todo lo vivido contigo,
tu cara, tu voz, las tristezas y las alegrías.
Pero hasta que el olvido aparezca,
hasta que el olvido sea presente,
seguiré poniendo tus mensajes
para no olvidar tu voz ya mermada
en la fragilidad de mi memoria y
sobre todo, seguiré visitando las fotografías donde apareces:
tu primera vez en Helsinki con mamá
o tus fotos a caballo, donde eras feliz.

V

La casa de mamá ya no existe, se muda y hacemos limpieza.
Encontramos un viejo DVD, donde pone en finés *joulu 1989*,
desempolvamos el viejo reproductor guardado en el armario,
sales tú y mamá, salen T y B de pequeños.
Hablamos durante horas sobre lo que acabamos de ver.
Mientras las cajas y los objetos y los recuerdos lo ocupan todo,
donde el desorden tiene cabida,
donde el recuerdo se hace fuerte ante el alboroto de una casa desarmada.

VI

Después de tu muerte, nos encerramos durante dos semanas en tu casa
   y escribo:
La vida es un juego difícil. Creo que conocía las reglas, pero no.
Que me saquen este sentimiento aferrado en mi alma,
que me saquen este dolor y
me sequen las lágrimas que lo inundan todo.

La vida es un juego difícil y ya no sientes andar descalza por el pasto
   recién cortado,
ni los primeros rayos del sol golpeándote la cara mientras te tomas el café.
La vida es un juego difícil, pero la vida continúa después.

VII

En el hospital cuando estabas en tus últimos momentos,
leía.
Leía sin ser consciente de que ese era el punto final
de un nuevo comienzo.
Cuando leía, veía a B acompañada de toda esa multitud
que entraba y salía. Almas en penas, caras tristes y desoladas.
Seguía sin parar de leer, viendo todo a mi alrededor
como si pasase en cámara rápida. Sentía que todo eso no iba conmigo,
solo pensaba que toda esa gente no me conocía y yo no las conocía a ellas.
Quería leer y preguntarme ¿Cómo se enfrenta a la muerte?
Sentía rabia por no poder hacer nada.
Rabia por todo tu sufrir.
Rabia y dolor de no poder aliviar tu pesar.

VIII

Perdón

por entrar en la habitación y llorar
mientras mirabas el mar.
Ese celeste mar que ya lo sabía todo.

Perdón

por no encontrar respuestas.
Por dejar que las lágrimas
hablaran por mí.

Perdón

por llorar y pensar en la orfandad que dejas,
por las llamadas que ya no llegarán y
por esa sonrisa tuya que cruzaba la pantalla.
Perdón
por los silencios,
Por los abrazos no dados y
los *te quiero* silenciados.

IX

(Uno)

— Mírame a los ojos, te quiero —.
Lo escribo para que no se me olvide.
No recuerdo qué contesté, quizás nada,
solo recuerdo levantarme de la mesa e ir al baño
cuando el nudo en la garganta quiso estallar.
No puedo respirar.
Lloro y pienso en todos estos meses,
donde cogí el último vuelo Helsinki-Málaga,
cuando una pandemia estaba a punto de estallar y confinarnos.
La excusa era estar junto a ti, pero nos encerraron y
después de tres meses empeoraste.
No querías hablar con nadie. No podías,
el dolor era más fuerte que el deseo.
Te vi, después de mucho tiempo y
la voz se me quebró.
Tu dolor era más fuerte que el nuestro.
Escribo esto y pienso: pocas veces nos dijimos *te quiero*.

X

LA NOCHE PREVIA AL DEVENIR

La tensión está presente. Vamos en silencio hasta casa,
sin decir nada, con la radio apagada.
Solo con el ruido de la carretera como acompañante.
Lloro en silencio, pensando en algún recuerdo bonito con mi padre.
No me viene nada. Durante muchos años la ausencia estuvo presente.
Vamos en silencio a sabiendas de que no podremos dormir esa noche.
Vamos en silencio a casa con la idea de que mañana la morfina lo
    dejará ir.
Vamos en silencio a casa sabiendo que mañana será el día del devenir.
Hasta ayer tenía esperanzas de que el médico se equivocara y no
    tuviese razón,
que mi padre no se podía morir, no ahora cuando nuestra relación
    mejoró.
No de cáncer/ no con dolor/ no con un llanto ahogado/no con un grito
    de súplica.
La muerte está presente en esa habitación de hospital.
Tuve que salir para no verlo. Si no lo veo, no ha pasado. Siempre me
    digo, siempre me engaño. Pero la morfina recorre su cuerpo y yo
    no puedo hacer nada.

XI

Necesitaba ese momento,
estar en el hospital
llorar/reír,
volver a llorar y volver a reír de nuevo.
Necesitaba estar allí,
la noche como testigo y
la soledad como desierto.
Necesitaba abrazar mi dolor,
a pesar de no haber sido el mejor padre del mundo.
Lo necesitaba.
Necesitaba ese momento.
Adiós.

Y vamos a la morgue del hospital: frío, tenebroso, oscuro. Otra familia está a la espera en la misma sala. Les atiende el mismo chico de traje negro y corbata que nos condujo hasta ese lugar. Su padre también ha muerto en el mismo amanecer.

¿Qué tipo de ataúd queréis? ¿Misa religiosa o civil? ¿flores rojas o blancas? ¿flores? ¿flores? ¿Incineración o nicho durante cinco años? Hace cinco minutos que mi padre ha muerto y son preguntas que no sé contestar. El nudo en la garganta, salimos a la calle, el sol, el calor de un verano que se va acercando. La gente que sale y entra del hospital, la penumbra enturbia mi mente. Silencios en medio de conversaciones ajenas y la vida se vuelve oscura, a pesar de que el sol aparece en lo alto del cielo.

XII

No he superado que ya no estás,
ni quiero vivir de tu recuerdo.
Tampoco puedo sentir el mar cerca y
la brisa golpeándome la cara.
La vida se me desmorona
como un sueño roto,
como arena entre los dedos de los pies
que no te puedes quitar y te enfureces.

XIII

Cuando hablaste con mamá,
le dijiste que dejara de fumar,
que el tabaco ya no está de moda y
que el cáncer es por culpa de eso.
Mamá sigue con eso que te mató,
dice que le encanta fumar
y yo,
odio a mamá cuando fuma,
cuando no hace nada por dejar de fumar,
cuando sabe lo mal que lo pasamos,
cuando pienso que voy a morir por cáncer,
cáncer de pulmón,
cáncer de tabaco.

XIV

Las últimas navidades que pasamos juntos sin saberlo.
Las últimas navidades en el campo,
las últimas navidades casi todos juntos,
las últimas navidades que fui egoísta y
me marché a Lisboa.
Las últimas navidades que no pasamos el último día del año juntos
por tu dolor / por la búsqueda de la cama / por tus ojos tristes y
la inercia de no ir al hospital.
Nunca supe que serían las últimas navidades.
Nunca supe que la cojera era cáncer,
que venía con las últimas veces y
una pandemia.

XV

(dos)

El médico le puso la morfina. El dolor era inevitable. Mi padre soltaba
   pequeños alaridos para mitigar toda esa quemazón.
Sin éxito.
La morfina recorría todos los recovecos de su cuerpo.
Las mascarillas tapaban los rostros tensos de los presentes.
Cuando la droga empezó a hacer efecto, mi padre dejó de sentir dolor.
Abría los ojos sin saber qué era lo que estaba pasando,
haciendo amago de terminarse su comida ya fría en la bandeja.
Mi padre se quedó dormido y yo no quería, porque sabía lo que suponía.
Le zarandeo la mano, lo llamo ¡papá! ¡papá! ¡papá! y le digo:
— Papá, yo también te quiero —.
— ¿Para eso me despiertas? —
— Te lo tenía que decir —.

Y se quedó dormido.

XVI

Me quiebra ver a mi padre tumbado
conectado a la máquina de respirar
con los ojos cerrados.
Esperando a que la marea se vaya.

XVII

Revivir las fotos de la boda de Toni y
retroceder a ese verano en Helsinki.
Donde sonreíamos sin saber la felicidad
de las pequeñas cosas.

Éramos felices sin saberlo, sin entenderlo,
sin sospechar lo que el futuro nos esperaba.
Éramos felices sin saber lo que vendría.

Ahora solo vivimos del recuerdo de ese verano de dos mil diecisiete,
aferrados a esa aura que las fotos nos otorgan.

XVIII

Tu muerte duele mucho,
duele tanto que
CREO QUE ESTOY ENFERMA.

XIX

He perdido la voz,
el alma y la respiración.
Me he quedado huérfana,
sin padre y sin respuestas.
Ya no tendré llamadas llenas
de silencios compartidos ni conversaciones banales.

No puedo hablar de ti con extraños
para evitar que los recuerdos se conviertan en pasado,
para que no me den condolencias
cuatro años después.

Me aferro a soltar el pasado,
me quedo en silencio
para no decir nada,
porque no sé qué más decir.

XX

Tu ausencia se hace eterna.
Navegas sin un puerto fijo,
perdido en un mar sin nombre,
lejos de este mundo que no deja de sufrir.

El silencio habita la casa,
pero me repito una y otra vez,
con la llegada del verano y
la sequedad de la retama

¡No aguanto este dolor!

Tu partida ya no tiene retorno
solo la certeza de un vacío perenne
que no llenarán los días
ni llenarán los meses y
tampoco los años.

Ahora, entre las sombras de este mar
en el que viviste,
tu ausencia es constante,
un pitido sordo en el oído,
que no quiere escuchar que ya no estás.
Pero aquí, en la costa
la vida sigue después,
aunque ya no será la misma de antes.

Mayo de 2020

XXI

De vuelta en el avión de camino a casa,
pienso en la razón por la cual tengo que
volver la próxima vez.
Es duro cuando ya no sabes
el motivo de ir.
A esa casa que ya no siento tan casa,
si tú no estás.

28 de agosto de 2020

XXII

No sé de dónde procedo,
no quiero decir a dónde pertenezco y
la posterior conversación incómoda que
tendría.

Mi padre no está / está muerto / se fue / murió por cáncer.

No quiero tener pertenencia a ninguna parte,
Ni tampoco tener historias que contar.

Quiero ser alguien que
no tenga pasado y
le pregunten por él.

No quiero tener que contar nada.

XXIII

Con mi padre nunca hablamos de religión. No sé si era religioso o no.
Tampoco hablamos de política, no sé a quién votaba o si votaba.
Nunca tuvimos una conversación profunda.
Sobre mi sexualidad / ni sobre chicos / ni sobre la tristeza.
Aún guardo el perfume ya caducado y el maquillaje que me regaló en
las últimas navidades que pasamos juntos.
Ese regalo fue el mejor regalo de mi vida. No recuerdo ningún otro regalo,
ningún otro regalo en los 26 años que convivimos y
sé que el perfume y esas sombras de ojos
eran la manera de decirme que me querías,
porque era la única manera que sabías de mostrar afecto.

Nunca hablamos de cosas importantes,
muchas preguntas no tienen respuestas y
tampoco las tendrán.

XXIV

Hace tiempo que no sueño con mi padre.
Al principio me visitaba cuando cerraba los ojos
para decirme algo / para contarme algo.
Ya no aparece, a pesar de que cada noche cierro los ojos
con la esperanza de que aparezca una última vez,
en la oscuridad de mis pensamientos.
Y que me diga / y que me cuente
y que me sonría / y no olvidar su voz.

Y no olvidar su rostro ni sus arrugas de lo vivido.

XXV

Después de dos años vuelvo a Málaga,
dos años en donde ya no estás.
Suelto las maletas y cojo un taxi hasta allí.
Muchos cambios, la casa ahora es blanca,
hay flores y plantas en todos los rincones y
una luz que lo envuelve todo.
Hace calor y el sol brilla.
El olivo está verde,
hablo contigo y vuelvo a leer la placa.
Me quedo el silencio y. miro para arriba,
un gato blanco se pasea por el tejado de la casa

SILENCIO

no se escucha nada.
Me despido y entro de nuevo a casa
con el mar de fondo a lo lejos.

XXVI

A los hijos de la generación de mi padre
nos han robado el afecto y la relación con ellos.
Mi padre nunca supo mostrar sus sentimientos,
quizás por todo lo que tuvo que vivir,
con todo lo que tuvo que lidiar.
Mi generación y su generación no se comprendieron
y por eso,
vivimos de carencias.

XXVII

Hace cuatro años que
mi casa ya no es tan casa.
Ni tampoco son miradas en silencio al mar o
desayunos a una hora indecente.
De voces encima de otras y
conversaciones atropelladas entre todos.

Hace cuatro años que
me persigue una imagen a cada rato,
a cada momento,
donde me avergüenzo de ti.
Por no amar a los libros
como lo hago yo.
Por no tener estudios o
por simplemente no ser
como el padre atento de mis amigas.

Desde hace cuatro años veo al cielo y pienso que,
estés donde estés, compartimos la misma luna y
en esas noches de miradas al cielo,
me pregunto si tú también en algún momento
de tu vida / de nuestras vidas
te avergonzaste de mí.

Buenos Aires, 17 de mayo de 2024

XXVIII

Y la pandemia me robó
los últimos abrazos a mi padre,
los últimos besos y acurrucarme
a su lado en la cama del hospital.

Y me robó
        acercarme a mi padre
con miedo a que,
        con miedo a que
tuviese el virus y lo matase.
Se lo trasmitiese y lo matase
que la fragilidad de su salud no lo soportase y
lo matase.
Que fuese mi culpa su ida precoz.

La pandemia me robó
la espontaneidad de los últimos días.

        Me quedo hermética, distante, en silencio

solo me acerco y
le doy un beso en la frente
y él se va
y yo me voy.
y la pandemia me robó
        los últimos afectos con mi padre.
Por miedo a que
        por miedo a que fuese yo quien lo matase.

2.

LOS MUERTOS EXISTEN PORQUE HAY ALGUIEN QUE LOS RECUERDA

M. D. Y, después de la muerte, ¿qué queda?
Y. A. Nada, excepto los vivos, que sonríen, que recuerdan.
MARGUERITE DURAS

La muerte llena mi casa desde que
recuerdo a la gente que ya no está.
Mi padre / mis tíos / mis abuelos.
Le pregunto a mi madre sobre su hermana, sobre su madre.
Estoy obsesionada con la idea de la muerte
de mi tío, de mi tía, de mis abuelos.
Necesito escribirlos. Montar mi árbol genealógico y preguntarme:
¿Adónde pertenezco?
La muerte llena cada rincón de mis pensamientos
Leo a Pizarnik y a Storni, leo a Violeta Parra y
a otras autoras que decidieron el día de su muerte.
Las leo y no dejo de pensar en lo que sintieron para elegir
la muerte como refugio.

1969: MI ABUELO PATERNO SE LLAMABA IGUAL QUE
mi padre y que mi hermano. Pero no conozco ni su rostro ni su carácter.
Solo que murió atropellado un seis de diciembre
cuando mi padre tenía dieciséis años.
Nunca me habló de él, ¿será que no se acordaría?
Le pregunto a mis tías: ¿Y vosotras os acordáis?
—Tenía nueve años cuando mi padre murió,
no recuerdo prácticamente nada, solo que utilizaba sombreros y...
esto es verídico sobrina, cuando estaba en el internado,
me asomé por la ventana y él estaba allí,
a pesar de que ya estaba muerto.
Mi prima se agarró la cabeza y no quiso ver, pero yo lo vi,
él se estaba despidiendo de mí.

Antonio Márquez Rico muerto por auto.

1975: NO CONOCÍ A MI ABUELA MATERNA

Mi madre habla de mi abuela.

De su elegancia, los vestidos que usaba,

el primer viaje a España de ambas,

lo dulce y cariñosa que era.

La necesidad de una madre en la adolescencia

con la llegada de la regla / con la llegada del primer amor y el desamor.

La tristeza que le produce hablar de ella / de su muerte / de su dolor.

Lo sola que la dejó, lo duró que fue.

Le pregunto: ¿Te acuerdas de su voz?

—Todo está diluido. Borrado de la frágil memoria —

—Lo último que me dijo fue: recuerda que tienes los ojos azules —.

—Mi madre lo era todo para mí —.

—Y se marchó —.

Lea Säärmelä Kerola muerta por cansancio.

1982: MI TIA REIJA TAMBIÉN SE SUICIDÓ
Siete años después la tristeza volvió para
llenar aún más cada recoveco de la antigua.

Mi madre llora la muerte de su hermana,
mi tío llora la muerte de su hermana,
mi abuelo llora la muerte de su hija.

La vida se volvió a paralizar y
trajo caras con miradas tristes.

¿Qué escuchan los muertos en los cementerios cuando los vivos van?
Mujeres y hombres pasean. Lloran y ponen flores en las tumbas de
  sus muertos.

Reija, ¿sigues ahí?

Años más tarde, adopté tu nombre.
¿Soy cómo tú? La ansiedad me consume,
la angustia me consume, comer me consume,
la tristeza me consume.
Le vuelvo a preguntar: ¿Y tú? ¿Qué recuerdas de ella?
—Su melena rubia, su sonrisa y lo espectacular que era.
La primera vez que viajamos a las Islas Canarias,
después de lo de mi madre —.
— Fui feliz dentro de la tristeza —.

Reija Sinikka Huttunen muerta por depresión.

2006: LA PRIMERA MUERTE QUE RECUERDO
Mi tío falleció de un ataque al corazón cuando estaba en el bar.
Mientras regresaba del internado con un sol abrasador y una
maleta llena de ropa sucia cargada a cuestas.

Después de una hora y media en bus llego al pueblo.

Lo vi y seguí hasta casa.
Unas horas más tarde, mientras veíamos la televisión recibimos la
llamada.

El tío había muerto, por aquel entonces mi padre y yo no teníamos
relación. En el cementerio, mis primas estaban presentes,
mis tíos estaban presentes, todos estaban ahí y yo me reí, una
risa nerviosa en un lugar sombrío, con el cuerpo de mi tío
presidiendo la sala.
Mi abuela también se encontraba, pero el olvido ya estaba presente
— ¿Quién es ese hombre?
Tu hijo, abuela, tu hijo. No se acordaba de él. Mejor así, para qué
tanto sufrimiento.
Fue la primera vez que vi a alguien muerto.

Diego Márquez Pérez muerto por corazón.

2011: MI ABUELO FALLECIÓ Y LO POCO QUE COMPARTIMOS.
A escasos meses de mudarnos definitivamente a Finlandia,
mi abuelo falleció, después de cuarenta años en la cama.
No compartimos mucho, no recuerdo compartir nada con él
a excepción de un verano en Helsinki y
llamadas a mi madre en un idioma que no conocía,
pero al que sentía como parte de mi identidad.
De mi abuelo recibí un diccionario antiguo y un libro de Lorca,
No compartimos mucho en vida,
pero sí el amor por Lorca,
pero sí el amor por los libros y la poesía.

Vilho Matias Huttunen muerto por la vida.

2016: MI ABUELA PATERNA FALLECIÓ SIN RECORDAR
NADA. CONSUMIDA POR LA DESMEMORIA.
Durante mucho tiempo sentía una cierta envidia por esos
niños y niñas que hablaban de sus abuelos. Como venían a
recogerlos cuando sus padres estaban trabajando y tenían
secretos compartidos.
Cuando era pequeña anhelaba tener abuelos normales que
no fuesen tetrapléjicos y viviesen en Finlandia o que no se
suicidasen y que lo único que conociera de ella sea lo que otros
dicen.
Anhelaba tener abuelos normales que no murieran de forma
trágica antes de que naciese o que en la preadolescencia se
enfermasen de olvido.

Cuando hablo de la única abuela que he sentido,
los recuerdos son escasos / abruptos / efímeros.

Mi abuela de piel blanquecina y venas azules, diminuta y de
pelo blanco era. Mi abuela vestía falda negra y medias a media
pierna. Recuerdo su voz después de tantos años. Me imagino
que me susurra y me dice que no escriba de ella.
Uno de los escasos recuerdos que tengo de ella es cuando me
compró una muñeca de trapo. Me compró una muñeca de
trapo en el bazar de la esquina de su casa. En el bazar de la
esquina de nuestro barrio. En el bazar de la esquina donde ya
bazar no figura.
En el extinto bazar de la esquina que se llevó el único recuerdo
que tengo de mi abuela en la niñez.

En plena preadolescencia la enfermedad del olvido acechó a mi abuela. La visitábamos en casa de mi tía. Le cogía de la mano para tener esa sensación de cercanía hacia una abuela que ya no está. La sensación de su piel era suave y fina, su piel estaba impregnada de los recuerdos del pasado que en el presente ya no era pasado.

Su vida dejó de estar, su vida era un cuerpo parado, un cuerpo inerte, un cuerpo al que otros alimentan, al que otros asean y visten. Su mirada ya no estaba, su mirada solo era el refugio de dos ojos tristes, de un color azulísimo, un azul que nunca antes había visto. No sabía quién era, nunca le conté quién iba ser.

Cuando llegó el momento de abandono yo ya vivía en Finlandia. El alzhéimer fue matando poco a poco a la única abuela que me quedaba, con quien no tenía recuerdos abundantes, pero quien me regaló mi primera muñeca de trapo.

Francisca Pérez Parma muerta por olvido.

El sol entra por los orificios de una persiana mal bajada.
Me despierto con los primeros rayos de sol y somnolienta
voy a la cocina a preparar café.
Sombras me persiguen por una casa vacía
y los veo
    y los miro mirarme
    y les sonrío sonreírme
En medio de sus vidas ya vividas y la mía
hay un cristal que nos separa / que nos aleja.
Son las almas en pena que me rodean.
La cafetera italiana empieza a silbar,
cojo la taza y me sirvo café.
Pienso en todos esos seres, en sus vidas,
en lo que fue y dejó de ser, en lo que hubiese sido y no fue.
La casa sigue en silencio.
Solo queda la claridad de una mañana
que lo impregna todo y lo vuelve oscuro.

Después de lo de mi padre odié Finlandia
La odié tan fuertemente por arrebatarme
los últimos años con él.

La odié tan fuertemente por la lentitud de la vida,
porque mientras mis amigas ya estaban graduadas
yo seguía estudiando.

La odié tan ferozmente que siento que vivo del odio.
Por trabajar en un trabajo que no me complace
Por tener que aguantar comentarios indebidos

La odié tan sibilinamente que creo que me siento en paz.

¿Cómo se supera a la muerte?

Ahogos en silencio y con vino.
Porque después de la muerte
quedan los vivos y el vino

La muerte vino con el vino
Y yo me dejo estar con vino
para no pensar / para dejar ir.

3.

TODOS MIS RECUERDOS TERMINAN AQUÍ. AQUÍ ESTÁ LO QUE LEO, LO QUE ME GUSTA, LO QUE SIENTO

Es un hombre bellísimo que quiere
morir antes de que la muerte repare en él.
Usted le amaba
Mucho más que eso.
MARGUERITE DURAS

Anoche descubrí que existe una carta de
Cortázar a Pizarnik, mientras ella vivía en París.
En esa carta le dice: *yo te quiero viva, burra*,
mientras la poeta estaba ingresada.
A veces con las palabas no se es suficiente
A veces, un *te quiero viva* no sirve de nada.
Cuando las voces lo envuelven todo y
no dejan espacio a nadie más,
solo a la oscuridad de una ciudad en llamas
Llena de galerías y *flâneurs*
que caminan mirando a su alrededor todo,
mientras se van quemando las galerías, las casas, los escritos
Mientras Pizarnik se va y el *te quiero viva*, *burra* no es suficiente.

Pienso en todas esas mujeres que no aguantaron tanto dolor
y se marcharon / y no tuvieron ayuda.
Pero las leo / pero las siento / pero las entiendo
Si la salud mental no hubiese sido tabú,

¿Hubiese conocido a mi abuela?
¿Hubiese conocido a mi tía?

Si hubiesen tenido amigas que las ayudasen
y no las juzgasen, amigas que las escuchasen.
Si no se hubiesen guardado tanto dolor para ellas,
si no hubiese existido una institución que las criminalice
como la iglesia criminalizaba / criminaliza el suicidio.
Hubiese conocido lo que mi madre me cuenta de ellas,
no me hubiese puesto el nombre de mi tía muerta,
porque no hubiese hecho falta,
pero hablar de hipótesis no sirve de nada,
no ayuda para seguir viviendo.

A veces pienso en la soledad que conlleva el suicidio.

A mi madre nunca le gustó la navidad,
mientras que a mí me encantaba.
Con la llegada de diciembre aterrizaba en casa el espíritu navideño,
me encargaba de poner el árbol, las luces, el pesebre.
Borlas de navidad por toda la casa.
Idas al bazar a por nuevas bolas para el árbol o
figuras para el portal de Belén.
Ahora sé, que cada navidad era un esfuerzo para mi madre.
Las ausencias, los recuerdos, las vivencias de días mejores.
Las navidades negras después de la muerte de su madre, de su hermana.
Ahora soy yo a la que no le gusta la navidad,

Ojalá no existiera diciembre.
Ojalá pasar por la vida sin diciembre / sin vivir diciembre / sin habitar en
    diciembre.

Ojalá no existiese la navidad para no recordar.

En clase de literatura estamos leyendo *Las penas del Joven Werther.*
Un joven que sufre por un desamor.

Es tan grande ese engaño que termina suicidándose.

La profesora dice que no hace falta psicoanalizar al personaje.
No tenemos que hacer conjeturas ni juzgarlo por suicidarse.

— ¿Está loco? Se preguntan algunos.

Quiero gritarle que estoy de acuerdo con ella,
dejemos de sacar conclusiones erróneas / dejemos de criminalizarlo.
Suicidarse no es un pecado, no entiende de religiones ni de clases sociales

Estuve dos años trabajando en un lugar donde lloré por primera vez
cuando descubrí que la chica de la habitación quince se quedó
en estado vegetal en su intento de acabar con su sufrimiento
aferrándose a las vías del metro.

Sus padres vienen todos los días a visitarla,
ella solo les sonríe cada vez que le dicen algo,
pero todo es en vano.
Sus padres murieron con ella
el día en que se fue al metro y no volvió.

Las primeras veces se te clavan en la memoria
como los silencios incómodos entre amigas íntimas
cuyos secretos compartidos eran lo primero,
pero con quienes ya no compartes nada.

Aún recuerdo mi primera vez.

El primer comentario machista cuando lo conté.
Lo mal que se lo tomaron algunos y
lo bien que se lo tomaron otros.

Aún recuerdo esa primera y difícil vez
y lo escribo para que no se me olvide
y lo escribo para que no me pertenezca.

Esa primera vez no fue fácil ni para ti / ni para mí
supongo que no fue la información que deseabas
o supongo que nuestra generación nunca supo
expresar sus emociones.

La adolescencia fue melancólica.

Mi cuerpo fue homofóbico cuando me descubrí.
¡soy normal! Me grito. Anhelaba las vidas contadas
en las películas románticas procedentes de muy lejos.

Los amores efímeros de verano que me contaban mis amigas.
¡tía! ¡tía! ¡tía! Te tengo que contar, y yo no quiero escuchar
por envidia / por celos / por deseo / por recelos y porque no,
por ansias de un amor de verano.

Ahora no, no deseo todo eso, quizás no es para mí, desistí.
Ni quiero y ni deseo ser alguien que no soy.
La vida no está sacada de una película romántica comercial
La vida es esta, la que me ha tocado.

Y supongo que mi homofobia procedía de que
me sentía el único ser diferente de este mundo.
Después vinieron mis hermanos quienes salieron
y yo sentí que mi familia era rara, pero la rara era yo.

Violeta Parra escribió: *Remedio para mis penas.*

Remedios para mi alma penosa: el mar y
la sal en la piel.
Remedio para mis lágrimas: la soledad y
escribir en el diario.
Remedios para mis angustias: dormir y
soñar que mañana será otro día.
Remedios para la tristeza: leer y
descubrir a nuevas autoras.
La jardinera de ciudad cultiva
remedios para combatir las penas.*

*   *La jardinera*

Virginia Wolf necesitó una habitación propia para escribir, pero
   no le era suficiente, ni el dinero, ni su cuarto, ni su prodigio
   con las letras le eran suficientes para seguir en la vorágine de
   una ciudad que no la entendía.
La vida se le acabó en un río /de llantos/ de fango /de lodo.

En Mar del Plata buscaba resquicios de Storni, no encontré nada, solo el mar que la vio por última vez. La palabra *Quilmes* aparece a lo lejos, en el muelle, mientras los veraneantes sacan sus toallas y sus sombrillas. Se sientan a tomar tereré, mientras el sol quema la piel. Conversan entre ellos felices, pero no hay resquicios de Storni por la playa que la vio por última vez, tampoco de su casa, de sus paseos por la costa y ni de sus tertulias literarias. No existe la gritona como la llamaba Borges.

— Seguimos — Me dice mi amiga mientras miro las olas romperse en la orilla.

— Aquí fue la última vez que se vio a Alfonsina, después se marchó a buscar más poemas al fondo del mar—.*

*   *Alfonsina y el mar de Mercedes Sosa.*

A MODO DE DESPEDIDA

Supongo que este es el final. He aquí lo que siento y nunca supe ponerle voz. Mi padre y yo no tuvimos una relación cercana durante mis primeros años. Quizás no supimos encontrarnos o no supimos cómo hacerlo. Cuando pienso en él, no aparecen los recuerdos situados en la memoria involuntaria, sino que tengo que recurrir a la memoria voluntaria como bien diría Benjamin. Pero extraño y anhelo los últimos años que compartimos. Forjamos la cercanía que nos faltó al principio.

Cada semana esperaba la llamada de mi padre desde su teléfono antiguo y lo caro que salía llamarnos. Siempre eran llamadas de cinco minutos y a veces se cortaba abruptamente, porque el saldo se le había agotado. Un día llegó por fin a su vida un teléfono inteligente. No sabía utilizarlo ni cómo llamarme gratuitamente. Esperaba a que su hermana le visitase para poder llamarme desde su flamante teléfono nuevo. Su sonrisa traspasaba la pantalla y se le iluminaba los ojos cuando hablábamos. Recuerdo la última llamada con él. Yo estaba saliendo de un colegio donde estudiaba un grado medio de comunicación e iba en dirección al tren. Iba con paso acelerado, con miedo de perderlo y tener que esperar veinte minutos en la intemperie de una estampa helada a que llegase el siguiente tren. Le dije que: ¿Cómo estaba? Y que, ¿si hablamos más tarde? ya que estaba en la calle, no se oía y hablaba deprisa con la respiración entre cortada. Fue breve la llamada. Me contestó y hablamos poco, muy poco. Pero antes de cortar le dije: — Estas navidades las paso en España —. No pude guardar el secreto de alguien que vuelve a casa por navidad. El tren se iba y yo aún estaba cruzando la calle. A mi padre en esa llamada ya le dolía el cuerpo.

Otros de los recuerdos presentes son los desayunos en la cafetería de siempre, desayunábamos, hablábamos o a veces comíamos en silencio. Mi padre no era una persona muy habladora. En las últimas navidades que pasamos juntos, antes de saber lo que le pasaba con ese dolor infiltrado en su cuerpo que no le dejaba vivir, me regaló el primer regalo que recuerdo de él, un perfume que se llama Ella junto a unas sombras de maquillaje. Era el cinco de diciembre del dos mil dos mil veinte. Lo abrí y me sorprendió que mi padre tuviese ese detalle conmigo.

Volví a Finlandia, a mi trabajo anodino y a mis estudios. El diagnostico llegó junto a una pandemia mundial y yo necesitaba estar allí. Agarré el último avión Helsinki-Málaga y nos encerraron por tres meses eternos. Vi a mi padre genial esos días antes del encierro: bromeando, riéndose y con una energía abismal, mientras trabajaba en el jardín de la alegría. Después pasé los tres meses de confinamiento encerrada en casa de mi madre, viendo películas, leyendo, haciendo pan, como la mitad de los españoles y llamándolo por si ese día quería hablar. Siempre descolgaba mi hermana. Ahora sé que no estaba para llamadas. Cuando volví a ver a mi padre, ya había empeorado mucho, la alegría de su rostro desapareció y el dolor no mitigaba. Me chocó cómo lo encontré. Todo lo demás, ya está escrito. La muerte duele, pero hay que seguir viviendo la vida por los que ya no están, porque la vida sigue después.

REIJA MÁRQUEZ HUTTUNEN
Helsinki 13.01.2025

ÍNDICE